BEI GRIN MACHT SICH IHR WISSEN BEZAHLT

- Wir veröffentlichen Ihre Hausarbeit, Bachelor- und Masterarbeit

- Ihr eigenes eBook und Buch - weltweit in allen wichtigen Shops

- Verdienen Sie an jedem Verkauf

Jetzt bei www.GRIN.com hochladen und kostenlos publizieren

Bibliografische Information der Deutschen Nationalbibliothek:

Die Deutsche Bibliothek verzeichnet diese Publikation in der Deutschen Nationalbibliografie; detaillierte bibliografische Daten sind im Internet über http://dnb.d-nb.de/ abrufbar.

Dieses Werk sowie alle darin enthaltenen einzelnen Beiträge und Abbildungen sind urheberrechtlich geschützt. Jede Verwertung, die nicht ausdrücklich vom Urheberrechtsschutz zugelassen ist, bedarf der vorherigen Zustimmung des Verlages. Das gilt insbesondere für Vervielfältigungen, Bearbeitungen, Übersetzungen, Mikroverfilmungen, Auswertungen durch Datenbanken und für die Einspeicherung und Verarbeitung in elektronische Systeme. Alle Rechte, auch die des auszugsweisen Nachdrucks, der fotomechanischen Wiedergabe (einschließlich Mikrokopie) sowie der Auswertung durch Datenbanken oder ähnliche Einrichtungen, vorbehalten.

Impressum:

Copyright © 2006 GRIN Verlag
Druck und Bindung: Books on Demand GmbH, Norderstedt Germany
ISBN: 9783668727410

Dieses Buch bei GRIN:

https://www.grin.com/document/429004

Dirk Simon

Didaktische Analyse der "Schachnovelle" als Unterrichtslektüre

GRIN Verlag

GRIN - Your knowledge has value

Der GRIN Verlag publiziert seit 1998 wissenschaftliche Arbeiten von Studenten, Hochschullehrern und anderen Akademikern als eBook und gedrucktes Buch. Die Verlagswebsite www.grin.com ist die ideale Plattform zur Veröffentlichung von Hausarbeiten, Abschlussarbeiten, wissenschaftlichen Aufsätzen, Dissertationen und Fachbüchern.

Besuchen Sie uns im Internet:

http://www.grin.com/

http://www.facebook.com/grincom

http://www.twitter.com/grin_com

Bayerische Julius-Maximilians-Universität Würzburg
WS 2005/06
Institut für Deutsche Philologie
Seminar zur Didaktik der deutschen Sprache und Literatur
„Novellen und Erzählungen im Deutschunterricht"

Stefan Zweig – „Die Schachnovelle"

Ein Book Report

Dirk Simon

Inhaltsverzeichnis

1. Inhalt 3
2. Das Potential für den Unterricht 5
   2.1. Der Nationalsozialismus 5
   2.2. Der Dualismus der Charaktere 5
   2.3. Der Einsatz in der Jahrgangsstufe 6
3. Methodische Verfahren für den Unterricht 6
   3.1. Das Szenische Verfahren 6
   3.2. Die Literaturumsetzung im Film 6
   3.3. Der Selbstversuch 7
   3.4. Der didaktische Bluff als Variante des Literatureinstiegs 7
4. Schluss 8
5. Literatur 8

1. Inhalt

Die Schachnovelle erzählt die Geschichte zweier unterschiedlicher Charaktere, welche beide aus verschiedenen Gründen das Schachspiel meisterlich beherrschen und sich in diesem gegenseitig messen.

Auf einem großen Passagierdampfer der Linie New York – Buenos Aires erfährt der namenlose Ich-Erzähler von dem berühmten Schachweltmeister Mirko Czentovic, der sich ebenfalls auf dem Schiff befindet. Von einem Freund bekommt er die Lebensgeschichte des Schachweltmeisters erzählt.

Bei Mirko Czentovic handelt es sich um eine besondere Natur: Er ist die Sensation in der Schachwelt, vermag es aber andererseits nicht, einen Satz orthographisch fehlerfrei zu schreiben und man bezichtigt ihn einer „universellen Unbildung auf allen Gebieten."[1] Als Sohn eines Donauschiffers aus Ungarn, der bei einem Schiffsunfall verunglückte, wuchs er bei einem Pfarrer auf. Nichts deutete bei ihm auf eine besondere Begabung hin, nur durch Zufall erkannte man seine Schachbegabung, die man eifrig förderte. Er brachte es bis zum Weltmeister, ohne jedoch jemals eine Partie „blind"[2] gespielt zu haben, das heißt im Geiste imaginierend. Diese Schachbegabung wird von Czentovic mit „ordinärer Habgier"[3] ausgenutzt, er spielt in den kläglichsten Vereinen, sofern ihm sein Honorar bewilligt wird, steigt in den billigsten Hotels ab und macht Seifenreklame.

Der Erzähler, neugierig geworden ob der bizarren Lebensgeschichte, versucht, sich dem scheuen Weltmeister zu nähern. Alle Versuche schlagen fehl, bis er auf einen alten Trick verfällt und den Schachweltmeister mit einem Schachspiel auf sich aufmerksam zu machen versucht. Zu Hilfe kommt ihm dabei unerwartet ein schottischer Tiefbauingenieur namens McConnor, ein vor Ehrgeiz und Machtfülle platzender Selfmademan, der seinen Machtanspruch auch im Schachspiel bestätigt sehen will. Dieser fordert gegen Honorar Czentovic zu einer Schachpartie heraus, die prompt nach 24 Zügen verloren geht. Eine Revanche mündet fast ebenso in der Niederlage, als ein bisher unbekannter Passagier in die Partie eingreift und sie mit einem Remis beendet. Für den folgenden Tag wird daraufhin eine Partie zwischen Czentovic und dem unbekannten Passagier arrangiert.

Der Erzähler sucht das Gespräch mit dem bisher unbekannten Passagier, der sich als ein österreichischer Emigrant namens Dr. B herausstellt. Dieser erzählt vom Ursprung seiner Schachbegabung: Als Angehöriger einer bedeutenden österreichischen Familie arbeitete er

---

[1] Zweig, Stefan: *Die Schachnovelle*, Frankfurt am Main [13]1996, S. 9.
[2] Ebd. S. 15.
[3] Ebd. S. 17.

in einer Anwaltskanzlei, die sich um die Rechts- und Vermögensberatungen des österreichischen Klerus und des Adels spezialisiert hatte. Durch einen Spitzel denunziert, verhaftet ihn die Geheime Staatspolizei und unterzieht ihn als Träger bedeutender Informationen einer „Sonderbehandlung"[4], das heißt er kommt in die Isolierhaft eines Hotelzimmers, ohne jeglichen Kontakt zur Außenwelt. Dr. B. hat niemanden als sich selber in seinem Gefängnis. Nach 14 Tagen beginnen die Verhöre durch die Gestapo, welche raffiniert ausgeklügelten Fragespielen ähneln. Die Methode, die dabei Anwendung findet, sieht den geistig-psychischen Zusammenbruch des Gefangenen vor, welcher ohne Gewaltanwendung ein Geständnis ablegen soll. Nach vier Monaten stellt sich dieser Zustand bei Dr. B. ein, ihm kam jedoch der Zufall zu Hilfe: Im Warteraum des Verhörzimmers kann er unbemerkt ein Buch entwenden, was sich als ein Schachrepetitorium mit 150 Schachpartien herausstellt. Das Buch stellt für Dr. B. die geistige Rettung dar, durch die ihm anfangs unbekannte Materie kann er seinen Geist wieder normalen Denkstrukturen zuführen. Mit Hilfe von Brotkrumen als Schachfigurenersatz spielt er die Partien durch. Den Verhören kann er wieder folgen und diese ohne die Preisgabe von Namen und Personen erfolgreich absolvieren. Nach drei Monaten bieten die Schachpartien des Buches ihm keinen Reiz mehr, er beginnt, sich selber neue auszudenken und diese mit Schwarz und Weiß gegen sich selbst zu spielen. Diese paradoxe Spirale beginnt ihn geistig zu zerrütten, er spielt im Geiste gegen sich selber, treibt sich selber als Gegner immer wieder an, wird süchtig nach immer aberwitzigeren Spielzügen und verfällt schließlich einer Nervenvergiftung, die er „Schachvergiftung"[5] nennt. In seinem Wahn fällt er eines Tages den Wärter an, verletzt sich an der Hand und wird zur Versorgung in ein Krankenhaus gebracht, wo es dem Arzt, dem die Familie Dr. B. bekannt ist, gelingt, ihn freizubekommen. Trotz dieser Schachvergiftung zeigt sich Dr. B. willens, eine Partie gegen Czentovic zu spielen, um herauszufinden, ob er nach all diesen Erlebnissen noch normal Schach spielen könne.

Am nächsten Tag kommt es zum verabredeten Schachduell zwischen Dr. B. und Czentovic. Dr. B. gibt sich heiter und unbeschwert und vermag in der ersten Partie klare Vorteile zu erzielen. Er gewinnt die erste Partie, wobei er schon eine gewisse Unruhe aufgrund der behäbigen Spielweise von Czentovic erkennen lässt. Trotz seines Versprechens, nur eine Partie zu spielen, nimmt er prompt die von Czentovic angebotene Revanche an. In diesem Spiel beginnt in Dr. B. die alte Schachvergiftung wieder auszubrechen, sie äußert sich physisch durch ständiges Auf und Abgehen wie psychisch

---

[4] Zweig, Stefan: *Die Schachnovelle*, S. 55.
[5] Ebd. S. 85.

durch aggressive und ungehaltene Bemerkungen gegenüber der langsamen Spielweise Czentovics. Beim 19. Zug wird er Opfer seiner Vergangenheit: Gedanklich offenbar vertieft in eine andere Partie, zeigt er völlig unvermittelt ein nicht vorhandenes Schach an. Er bemerkt seinen Irrtum, bricht das Spiel ab und wird von da an nie wieder ein Schachspiel anrühren.

2. Das Potential für den Unterricht

2.1. Der Nationalsozialismus

Die Schachnovelle bietet sich den Schülern aus mehreren Gründen zur lohnenden Lektüre an. In origineller Art und Weise bietet sie den Schülern eine völlig andere Herangehensweise an das Thema Nationalsozialismus und Drittes Reich. Die Schüler, welche ab der Mittelstufe in verschiedenen Fächern (Geschichte, Deutsch, Religion) mit diesem Thema konfrontiert werden und bei denen die mehrmalige Wiederholung des Stoffes unter Umständen zu Ermüdungserscheinungen führen könnte, zeigen sich durch die unkonventionelle Art der Verarbeitung dieses Themas offen für neue Impulse der Bewältigung und Erinnerung der zwölfjährigen Schreckensherrschaft des Naziregimes. Die Folgen der subtil bösartigen Gefangenschaft durch die Gestapo, welche sich bei Dr. B. in seiner Obsession für das Schachspiel äußern, lässt die Schüler anhand dieses exemplarischen Beispiels die Schrecken, welche sich trotz Gewaltverzichts abspielten, den Werdegang dieses Schicksals verfolgen.

2.2. Der Dualismus der Charaktere

Doch nicht nur die Gefangenschaft Dr. Bs setzt einen der Schwerpunkte dieser Novelle. Die Charakterstudie, die von Zweig bei den Personen Dr. B. und Mriko Czentovic angelegt ist, lässt die Schüler den literaturpädagogischen und kulturellen Stellenwert dieser Lektüre erkennen. Der Antagonismus zwischen dem derb-brutalen, kleinbürgerlichem Ungeist Mirko Czentovic und dem sensiblen, feingeistigen, von ausgesuchter Höflichkeit sich verhaltendem Intellektuellen Dr. B. im virtuellen Kampf um die 64 Felder des Schachbrettes weist auf eine weitere lohnenswerte Auseinandersetzung der Schüler mit dem Text hin. Zweig komponierte die im Hintergrund lagernden Weltanschauungen der Protagonisten nicht bis zur letzten Deutlichkeit durch, die unterschiedlichen Lebensentwürfe der beiden Schachgegner weisen aber deutlich die krude Welt des Nationalsozialismus bei Mirko Czentovic und die bürgerliche Bildungswelt Dr. Bs auf.

Das sich der Feingeist Dr. B. dem Instinkt Mirko Czentovic beugen muss, mag hier nur als Fanal für die Auseinandersetzung des Bildungsbürgertums mit der NS-Bewegung gelten.

2.3. Der Einsatz in der Jahrgangsstufe

Die Lektüre eignet sich für die Realschule in der Klasse 10 und für das Gymnasium ab Klasse 9. Der Themenkomplex des Nationalsozialismus, welcher der Lehrplan mit diesen Schuljahrgängen beginnen lässt, korrespondiert gut mit dem Stoff dieser Lektüre. Eine Bearbeitung des Textes mit einem früheren Jahrgang erscheint nicht als sinnvoll. Die fehlenden geschichtlichen Hintergründe einerseits und die Versuchung, diesen Stoff als eine reine Schwarz-Weiß-Malerei darzustellen, welche durch den detailreichen und differenzierten Text nicht gegeben ist, sind die ausschlaggebenden Gründe für eine Bearbeitung in den oben erwähnten Jahrgängen.

3. Methodische Verfahren für den Unterricht

3.1. Das Szenische Verfahren

Die Charakterstudie zwischen Mirko Czentovic und Dr. B. in der Schachnovelle eignet sich hervorragend für ein methodisches Verfahren im Unterricht. Hierbei bietet sich als Textstelle das Aufeinandertreffen der beiden Charakter am Schachbrett an[6]. Die geistige Zerrüttung, die bei Dr. B. einsetzt und die stoische Ruhe, welche Mirko Czentovic an den Tag legt, lassen sich am besten in einem Szenischen Verfahren darstellen. Die steigende Erregung, die Dr. B. während des Schachspiels erfährt und das gleichzeitige, die Spielzüge ausreizende, verschleppte Spiel Mirko Czentovics, der die Miene des Gleichgültigen trägt, lassen den Kontrast am auffälligsten zu Tage treten. Das Hineinversetzen in die Personen ermöglicht den Schülern eine bessere Sicht auf Empathie, Motivation und Gefühle der Figuren in der Novelle. Zusätzlich werden in einem Szenischen Verfahren, welches von mehreren Gruppen innerhalb der Klasse einstudiert werden könnte, die Teamarbeit, die Selbsterfahrung durch das Rollenspiel und die Freude am Spielen durch die Schüler erfahren.

3.2. Die Literaturumsetzung im Film

Als schwer umzusetzen in einem Szenischen Verfahren ist die Gefangenschaft Dr. B. Die Spannungen und Steigerungen, die Dr. B in seiner Isolierhaft erlebt, spielen sich als rein innere Vorgänge ab, erst die Schreie und Rufe am Ende der Gefangenschaft zeigen den

---

[6] Zweig, Stefan: *Die Schachnovelle*, S. 96-110.

Außenstehenden den Zustand Dr. Bs an. Um die spielbaren und nicht darzustellenden Passagen des Textes den Schülern zu vermitteln, eignet sich hier der medienreflexive Zugang mit der Vorführung der Literaturverfilmung von Gerd Oswald aus dem Jahre 1960[7]. Die anschließende Diskussion mit den Schülern über die Literaturumsetzung, die Probleme bei der Umsetzung und die geänderten Teile des Films im Vergleich zur Buchvorlage lässt die Schüler neue Gedanken und Sichtweisen zu Personen und deren Umständen entwickeln. Auch die filmische Umsetzung der Protagonisten des Textes durch die Schauspieler bietet hierbei genügend Diskussionsstoff. Wie sieht die Vorstellung der Schüler aus, wie setzt sie Mario Adorf in der Rolle des Mirko Czentovic um. Ähnlich die Frage bei der filmischen Umsetzung des Dr. B. durch Curd Jürgens.

Es besteht auch die Möglichkeit, den Text nur schrittweise zu lesen, um dem Ende nicht vorweg zu greifen, so dass der Film vor dem Ende gestoppt werden kann und den Schülern die Aufgabe gestellt wird, ihren eigenen Spielfilmschluss zu kreieren, der Klasse vorzustellen und diesen zu begründen.

3.3. Der Selbstversuch

Um die Qualen der Isolierhaft ohne jeglichen Kontakt zur Außenwelt darzulegen, bietet sich ein Denkexperiment an, welches aber außerschulisch angelegt ist und an die Selbstinitiative der Schüler appelliert. Die Schüler erhalten die Aufgabe, sich eine Kirche auszusuchen, eine beliebige Zeit zu wählen und sich eine ganze Stunde in die Kirche hinein zu setzten. Anschließend sollen sie aufschreiben, an welche Gedanken sie dabei dachten und wie sie die Situation empfanden. Die erdrückende Stille der Kirche, die nach einer gewissen Zeit einsetzt, bringt die Schüler dazu, sich mit ihren eigenen Gedanken zu beschäftigen. Durch das Nichtstun und die notgedrungene Beschäftigung mit der eigenen Gedankenwelt kann sich bei den Schülern eine Ahnung bilden, wie es sich anfühlen muss, monatelang eine solche Tortur zu bewältigen, ohne verrückt zu werden. Die Schüler könnten nach diesem Selbstversuch im Unterricht der Klasse mitteilen, wie es ihnen dabei erging, wie lang sie es ausgehalten hätten und welche Gedanken sie dabei bewegten.

3.4. Der didaktische Bluff als Variante des Literatureinstiegs

Um die Aufmerksamkeit der Schüler von Beginn an für die Lektüre zu fesseln, kann der Lehrer auch folgendermaßen vorgehen. Er bedient sich eines didaktischen Bluffs. Er lässt die Schüler die Geschichte bis zum Auftauchen des unbekannten Reisenden in der Novelle

---

[7] Gerd Oswald: *Die Schachnovelle*, Spielfilm, Bundesrepublik Deutschland 1960, zitiert nach: http://www.filmportal.de

lesen und nimmt daraufhin in einer eigenen Erzählung den Werdegang des Dr. B. vorweg. Der Lehrer endet seine Erzählung abrupt mit der Verhaftung des Dr. B. und stellt den Schülern die Aufgabe, Mittel zu beschreiben, welche die NS-Schergen anwenden würden, um die wichtigen Informationen aus Dr. B. heraus zu bekommen. Eine weitere Möglichkeit besteht darin, vergleichende Geschichten heranziehen, in denen die NS-Herrscher nötige Informationen aus Leuten herausfolterten. Als Beispiele für solche vergleichende Geschichten seien die Geschehnisse um die Folterung der Mitwisser des 20. Juli 1944 oder die Umstände der Sippenhaft für die Angehörigen der Verschwörer des 20. Juli 1944 angeführt. Nach der Unterrichtsbesprechung solcher Foltermethoden kann nun unter der besonderen Beobachtung, wie in Zweigs Novelle die Methoden angewandt werden, die Lektüre von den Schülern weiter gelesen werden. Die Beschreibung der psychischen Folter in diesem Buch gehört zweifelsfrei zu einem der Stärken dieser Novelle, so dass auch von den Schülern weiteres Interesse und Aufmerksamkeit für diese Lektüre vorherrscht.

4. Schluss

Die Schachnovelle von Stefan Zweig ist als Lektüre für den Deutschunterricht empfehlenswert. Es zeigt sich, dass die Novelle dem Lehrer im Unterricht viele interessante Anknüpfungspunkte bietet. Stoffgebiete wie der Komplex des Nationalsozialismus oder auch die Charakterstudie zwischen den beiden Protagonisten können vom Lehrer beleuchtet werden. Als didaktischer Zugang stehen dem Lehrer viele Möglichkeiten zur Verfügung, das wie oben beschriebene Szenische Verfahren kann gewählt werden, die Umsetzung im Medium Film, ein themen- und problemorientierter Unterricht, ein durchgeführter Selbstversuch der Schüler sowie das Mittel des didaktischen Bluffs als Einstiegsmotivation können Eingang in den Literaturunterricht finden.

5. Literatur

Zweig, Stefan   *Die Schachnovelle*, Frankfurt am Main [13]1996.

BEI GRIN MACHT SICH IHR WISSEN BEZAHLT

- Wir veröffentlichen Ihre Hausarbeit, Bachelor- und Masterarbeit

- Ihr eigenes eBook und Buch - weltweit in allen wichtigen Shops

- Verdienen Sie an jedem Verkauf

Jetzt bei www.GRIN.com hochladen und kostenlos publizieren